超譯
논어의 말
필사집

RONGO ICHIGO
© TAKESHI NAGAO 2010
Original published in Japan in 2010 by KANKI PUBLISHING INC., Tokyo
Korean translation rights arranged with KANKI PUBLISHING INC., Tokyo,
through TOHAN CORPORATION, Tokyo. and Shinwon Agency Co., Ltd., Seoul.

이 책의 한국어판 저작권은 신원 에이전시를 통한
일본의 KANKI PUBLISHING INC.와의 독점 계약으로 삼호미디어가 소유합니다.
저작권법에 의해 한국 내에서 보호를 받는 저작물이므로
무단 전재와 복제를 금합니다.

《초역 논어의 말 필사집》은

《초역 논어의 말》에 실린 202편의 글 가운데

한 문장 한 문장 손글씨로 되새기며 오롯이 음미하면 좋을

100편의 글을 간추려 새로이 담았습니다.

들어가는 글

인생을 충실하게 살아가는 방법

《논어論語》는 흥미롭다. 물론 배꼽 빠지게 웃기거나 드라마처럼 흥미진진하게 전개되는 그런 재미와는 다르다. 대신 우리는 《논어》에 실린 문장 하나하나에서 인생을 충실하게 살아가는 방법을 읽어낼 수 있다. 《논어》는 우리가 '자신감 넘치는 나', '좋아할 수 있는 나'로 성장하는 길을 알려 주며, 단 한 번뿐인 인생을 적극적으로 살아가는 것이 진정 보람 있는 삶이라 말한다.

그렇기에 《논어》는 답답하고 소통이 단절된 일상에서 갖가지 문제에 부딪치며 괴로워하는 현대인들에게 남다른 의미를 전할 수 있다. 근래 옛 선인들이나 부처의 말씀 등이 큰 파장을 일으키고 있는 것 역시, 우리의 마음속 어딘가에서 이러한 가르침을 바라고 있기 때문일는지 모른다.

《논어》는 2,500년 전 중국의 사상가 공자孔子(기원전 551~479)와 그 제자들의 언행을 담은 어록이다. 공자의 신변에 얽힌 다양한 일화나 공자의 제자들에 관한 이야기와 대화가 기록되어 있다. 하지만 대부분은 공자가 자신의 인생관이나 사회관, 우주관 등에 관하여 밝힌 내용들이 주를 이룬다.

공자는 '올바른 삶의 방식'이라는 인류의 가장 보편적이고 중대한 문제에 대하여 하나의 큰 해답을 제시한 인물이다. 이것이 곧 '유교'이며 유교의 본질을 설명한 경전이 바로 《논어》다. 《논어》는 대부분 한 행이나 몇 행 정도의 극히 짧은 문장으로 구성되어 있으며 고대 중국어인 한자로 기록되어 있

다. 한국이나 일본 역시 유교와 한자의 영향을 많이 받았지만, 한자만으로 이루어진 문장을 제대로 이해할 수 있는 사람은 극히 드물다. 읽는 순서뿐만 아니라 끊어 읽는 부분조차 알기 어렵기 때문이다. 내용 자체도 매우 간략하고 함축적이어서, 글이 기술된 시대적 배경이나 역사적 사실의 이해 없이는 전달하는 의미를 제대로 알기 어려운 부분도 있다. 《논어》에 관한 수많은 학자들의 다양한 해석이 존재하는 것도 이 같은 특성으로 설명될 수 있다.

필자 역시 《논어》 원문과 여러 학자들이 연구한 내용을 바탕으로 나름의 해석과 독자적인 의미를 부여하였다. 우선 각 한자의 음과 함께 그 뜻에 맞추어 끊어 읽을 수 있도록 원문을 표기했다. 공자에 얽힌 자료를 참고해 그 뜻을 더욱 면밀히 파악할 수 있도록 했고, 현대인의 생활이나 사고방식과 보다 직접적으로 연관 지을 수 있도록 어휘 및 대상을 변경하여 설명을 더했다.

《논어》는 500여 장章의 글이 총 20편으로 나뉘어져 있으나, 《초역 논어의 말》에서는 200장만을 다루었다. 또한 내용에 따라 하나의 장에서 일부만을 채택하여 나름의 의미를 담은 부분도 있다. 가능한 한 현대인들에게 유용한 조언들을 담기 위한 의도였는데, 이로 인해 기존의 번역들과는 다른 시각의 의미 부여가 이루어지기도 했다. 비록 전체가 아닌 부분으로 재구성된 내용이기에 전문全文이 전하는 감동과 의미를 모두 전달하지 못하는 한계는 분명 있을 것이다. 그러나 이와 같은 재구성으로 인해 보다 많은 사람이 부담 없이 《논어》를 접하고 가까이하는 계기를 마련할 수 있다면, 그것으로 충분하다는 것이 필자의 바람이다.

차분하고 여유 있게 음미해 보길 바란다. 《논어》를 통해 현대를 살아가며 인생을 충실하게 채우는 바른 길이란 무엇인지, 사람들과 '함께 살아간다'는 것은 어떤 의미인지를 어렴풋이나마 알게 되었으면 한다. 그래서 공자가 그토록 귀중하게 여기던 '사람을 사랑하는 마음'을 공감하게 된다면 더 바랄 것이 없겠다. 인류의 보물인 《논어》가 독자들의 마음에도 깊이 간직되었으면 좋겠다.

나가오 다케시

《논어》의 구성

《논어》는 총 20개의 편으로 이루어져 있으며, 한 권에 두 편씩 묶어 총 열 권으로 구성되어 있다. 그리고 각 편마다 다음과 같이 두세 글자로 이루어진 제목이 붙어 있다.

제1편	학이 學而	제11편	선진 先進
제2편	위정 爲政	제12편	안연 顏淵
제3편	팔일 八佾	제13편	자로 子路
제4편	이인 里仁	제14편	헌문 憲問
제5편	공야장 公冶長	제15편	위령공 衛靈公
제6편	옹야 雍也	제16편	계씨 季氏
제7편	술이 述而	제17편	양화 陽貨
제8편	태백 泰伯	제18편	미자 微子
제9편	자한 子罕	제19편	자장 子張
제10편	향당 鄉黨	제20편	요왈 堯曰

다만 이것은 각 편의 제1장 첫머리를 그대로 제목으로 썼을 뿐 특별한 의미가 담긴 것은 아니다. 예를 들어 제1편은 '자왈子曰, 학이시습지學而時習之…'로 시작하기에 '학이學而'라고 명명한 것이다. 여기서 '자왈子曰'은 '공자께서는 이렇게 말씀하셨다.'라는 의미로, 각 장은 대부분 '자왈'로 시작한다. 그런 이유로 '자왈'은 첫머리에 있어도 제목으로 사용되지 않았다.

차례

들어가는 말 인생을 충실하게 살아가는 방법 · · · · · · · · 004
《논어》의 구성 · 007

제1장 자신의 성장에 대하여

001	사랑받는 이의 진실 · · · · · · · · · · · · · · · · · ·	014
002	마음의 성장을 완성하는 세 가지 · · · · · · · · ·	016
003	세월의 깨달음 ·	018
004	하늘의 은혜를 배운다 · · · · · · · · · · · · · · · ·	020
005	조화를 이룰 때 비로소 돋보인다 · · · · · · · · ·	022
006	어디에나 인생의 기쁨은 있다 · · · · · · · · · · ·	024
007	어리석기에 보지 못한다 · · · · · · · · · · · · · · ·	026
008	나는 행복한 사람이다 · · · · · · · · · · · · · · · ·	028
009	말 속에 숨은 진의를 알아야 한다 · · · · · · · ·	030
010	처음과 끝이 다른 이유 · · · · · · · · · · · · · · · ·	032
011	자신만이 고칠 수 있는 병 · · · · · · · · · · · · · ·	034
012	당신은 살아갈 자격이 있다 · · · · · · · · · · · · ·	036
013	빈곤 속에서도 온화함이 깃든 사람 · · · · · · ·	038
014	물건을 훔치는 자만이 도둑이 아니다 · · · · · ·	040
015	최악의 잘못 ·	042
016	실패한 사람이 모두 어리석은 것은 아니다 · ·	044
017	선악을 가려내는 지혜가 필요하다 · · · · · · · ·	046
018	미래를 제대로 응시하는 사람은 · · · · · · · · ·	048

019 끊임없이 자신을 갈고닦는다 · 050
020 자신의 가능성을 함부로 부정하지 말라 · · · · · · · · · · · 052
021 일하는 자의 마음가짐 · 054
022 두 번 숙고했다면 그것으로 족하다 · · · · · · · · · · · · · · · 056
023 말이 제대로 서야 일을 이룰 수 있다 · · · · · · · · · · · · · 058
024 해가 되는 존재 · 060
025 행복의 조건 · 062
026 자신만의 예를 지키는 것에서 비롯된다 · · · · · · · · · · · 064
027 쉼 없이 나아간다 · 066
028 넘침은 모자람과 다르지 않다 · · · · · · · · · · · · · · · · · · · 068
029 삶도 아직 모르는데 죽음을 어찌 알 것인가 · · · · · · · 070

제2장　세상과 인간에 대하여

030 마음이 한결같은 사람 · 076
031 가까울수록 신의와 예의를 갖추어라 · · · · · · · · · · · · · 078
032 타인으로부터 구해야 할 것 · 080
033 어리석음을 깨달아야 시작할 수 있다 · · · · · · · · · · · · 082
034 최소한의 예의 · 084
035 좋은 인연은 노력으로 얻어진다 · · · · · · · · · · · · · · · · · 086
036 나는 타인을 얼마나 이해하고 있는가 · · · · · · · · · · · · 088
037 억측을 멀리하되 통찰력을 지녀야 한다 · · · · · · · · · · 090
038 드러나는 말만으로 판단하지 않는다 · · · · · · · · · · · · · 092
039 마음의 성장을 촉진하는 표본 · · · · · · · · · · · · · · · · · · · 094
040 속이지 말 것이며, 직언하라 · 096
041 용기와 만용의 차이 · 098

042   젊다는 것, 가능성이 있다는 것 100
043   정의로운 공평 102
044   타인의 장점을 솔직하게 인정한다 104
045   일생일대의 결심이기에 106
046   진정으로 정직하다는 것 108
047   태양과 달이 마음에 들지 않는다 한들 110
048   부정하지 않는다 112
049   사랑한다면 고난을 경험케 하라 114
050   공경하는 마음이 없다면 116
051   부모를 기쁘게 하는 것은 자식의 얼굴이다 118
052   예의와 배려는 형제의 정을 낳는다 120
053   자신이 싫으면 남에게도 행하지 않는다 122
054   사람이 살아갈 곳은 인간 세상뿐이다 124

제3장 배움과 가르침에 대하여

055   배움이 깊을수록 130
056   두 가지의 균형이 중요하다 132
057   진정으로 아는 사람 134
058   마음의 성장은 타인과의 소통에서 시작된다 136
059   아무것도 배우지 못한 사람 138
060   썩은 나무에는 무늬를 새길 수 없다 140
061   하나의 전진 142
062   생각에 앞서 기본을 배운다 144
063   배움을 계속할 때 인생은 흥미로움으로 가득 찬다 146
064   누군가 배움을 청하면 성심으로 답한다 148

065 가르친 후에 일을 맡긴다 · 150
066 아는 것과 배우는 것 · 152
067 교육의 기본 · 154

제4장 삶의 태도와 바른 길에 대하여

068 이상적인 모습 · 160
069 제멋대로 굴지 않는 것이 군자의 첫걸음이다 · · · · · · · 162
070 송백의 푸르름은 겨울에 드러난다 · · · · · · · · · · · · · · · · 164
071 담대히 자신의 길을 걸어가라 · 166
072 근본적인 정의를 따르면 바른 길을 찾을 수 있다 · · · · 168
073 부끄러운 것은 오직 올바르지 못한 마음뿐 · · · · · · · · · 170
074 행동하지 않는 자의 핑계 · 172
075 솔선하여 예를 갖춘다 · 174
076 어떤 위기에서도 최선의 대처를 한다 · · · · · · · · · · · · · · 176
077 마음이 좁은 사람 · 178
078 리더의 통솔이란 자신을 정의롭게 하는 것이다 · · · · · 180
079 책임을 지는 자세 · 182
080 전체가 사는 길을 모색한다 · 184
081 혼자만의 만족 · 186
082 이유 있는 차별 · 188
083 군자의 실패, 악인의 실패 · 190
084 조화를 이루되 동화되지 않는다 · · · · · · · · · · · · · · · · · · 192
085 말의 정체를 공정하게 판단한다 · · · · · · · · · · · · · · · · · · 194
086 배움과 성장을 거듭하는 사람 · · · · · · · · · · · · · · · · · · · 196
087 올바름을 쫓아 행동할 뿐이다 · 198

088	지나친 증오는 또 다른 악을 낳는다	200
089	수치스러운 영화	202
090	정의를 버리지 않는다면	204
091	약속을 지키는 자세	206
092	착한 사람	208
093	비판이 없는 집단은 필연적으로 쇠퇴한다	210
094	억울한 불평이 없게 하라	212
095	실수, 그 이후의 태도	214
096	다수의 목소리에 휩쓸리지 않는다	216
097	실패를 통해서도 감명을 준다	218
098	맹목적으로 고집하지 않는다	220
099	신을 공경하되 현실의 생활에 충실한다	222
100	세상을 위한 정의	224

마치는 글 · 226

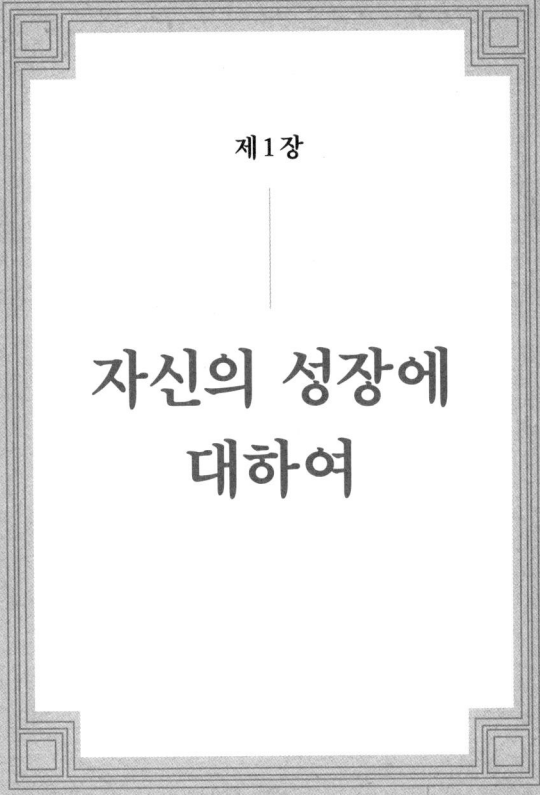

제1장

자신의 성장에 대하여

001

사랑받는 이의 진실

누구에게나 사랑받는다고 하여
반드시 좋은 사람이라고 할 수는 없다.
악인에게까지 사랑받고 있다면
그는 고의든 타의든,
모종의 악행에 가담하고 있음을 의미한다.
그렇기에 선한 사람들에게는 사랑을 받고
나쁜 사람들로부터는 미움을 받는 이가
실로 훌륭한 사람의 모습이다.

⁂ 자로 편

不如鄕人之善者好之, 其不善者惡之.
불여향인지선자호지, 기불선자오지.

마음의 성장을 완성하는 세 가지

눈앞의 이익에 현혹되지 않고
판단력과 냉정함을 유지하는 것.
극복해야 할 난국에서는
목숨을 걸고 맞설 각오를 하는 것.
오래전에 나눈 약속일지라도 잊지 않고 반드시 지키는 것.
이 세 가지를 행할 수 있다면
마음의 성장은 완성된 것이라고 할 수 있다.

▓ 헌문 편

見利思義, 見危授命, 久要不忘平生之言, 亦可以爲成人矣.
견리사의, 견위수명, 구요불망평생지언, 역가이위성인의.

세월의 깨달음

내 나이 열다섯에, 사람의 마음이
성장하기 위해서는 배워야 함을 깨달았다.
서른 살이 되어서는 인생의 방향이 겨우 보이기 시작했다.
마흔 살쯤에는 인생의 목표가
확고해짐에 따라 망설임이 사라졌다.
쉰 살에는 '내 인생은 혼자만의 것이 아닌
타인을 위한 것이기도 하다.'라는 사명감을 가지게 되었다.
예순이 되니 나와 다른 인생관을 가진 이를 만나도
'이런 삶의 방식도 있구나.' 이해하며 반하지 않게 되었다.
일흔이 되자 나의 욕망이 타인에게
전혀 피해를 주지 않게 되었다.
그리하여 원하는 대로 자유로이 살아도
세상의 규칙을 어기지 않게 되었다.

▓ 위정 편

**吾十有五而志于學. 三十而立. 四十而不惑. 五十而知天命.
六十而耳順. 七十而從心所欲, 不踰矩.**
오십유오이지우학, 삼십이립, 사십이불혹, 오십이지천명,
육십이이순, 칠십이종심소욕, 불유구.

하늘의 은혜를 배운다

하늘이 무슨 말을 하는가.
아무 말도 하지 않는다.
그저 소리 없이 계절이라는 은혜를
세상에 베풀고 만물을 길러낸다.
그렇기에 사람들은 늘 하늘에 감사한다.
나 역시 하늘의 은혜를 배우고 싶다.
거창한 말, 입에 발린 말보다는
평소의 행동으로 타인에게 도움이 되고
감사를 받는 사람이 되고 싶다.

∷ 양화 편

天何言哉. 四時行焉, 百物生焉.
천하언재. 사시행언 백물생언.

조화를 이룰 때 비로소 돋보인다

순수함과 투박함만 있고 꾸밈이 전혀 없으면,
미개하고 품위 없는 사람이 되기 쉽다.
반대로 순수함을 잃고 꾸밈이 과하면,
겉모양은 아름다우나 내실이 없는 사람이 된다.
결국 양쪽 모두 사람들에게 사랑받지 못하고
세상에 외면당한다.
그렇기에 내면과 외면의 어우러짐이 중요하다.
순수함을 잃지 않으면서도
주위에 불쾌감을 주지 않을 만큼 자신을 꾸밀 줄 알아야
자신이 지닌 매력을 제대로 전달할 수 있다.

❙❙❙ 옹야 편

質勝文則野, 文勝質則史.
질승문즉야, 문승질즉사.

어디에나 인생의 기쁨은 있다

변변치 못한 음식과 물로 식사를 마치고,
밤이 되면 제대로 된 침구도 없이
구부린 팔을 베개 삼아 잠을 청한다.
이런 극빈한 생활일지라도 올바른 도리를 향해
떳떳이 살아간다면 즐거움을 찾을 수 있다.
살아 있는 한 인생의 기쁨을
반드시 발견할 수 있다.

※ 술이 편

飯疏食飮水, 曲肱而枕之. 樂亦在其中矣.
반소사음수, 곡굉이침지. 낙역재기중의.

어리석기에 보지 못한다

어리석은 자는
자신의 미숙함을 자각하지 못하기에
무슨 일에서건 신중하지 못하다.
훌륭한 인물이 눈앞에 있어도
그 고매함을 알아보지 못하기에
아무렇지 않게 무례한 태도를 취한다.
인생의 귀중한 조언을 들어도 그 의미를
이해하지 못하기에 진지하게 새기지 않는다.
자신감만 앞서고 언제나 거만한 사람은
어리석은 사람인 것이다.

▦ 계씨 편

小人不知天命而不畏也, 狎大人, 侮聖人之言.
소인부지천명이불외야, 압대인, 모성인지언.

나는 행복한 사람이다

나는 행복한 사람이다.
왜냐하면 내가 잘못을 저지르면
충고하고 꾸짖어 주는 이가 반드시 나타나기 때문이다.
그리하여 나는 잘못을 뉘우치고 고칠 수 있다.
만약 나 스스로 깨닫게 될 때까지 내버려 두면
언제까지 얼마나 많은 잘못을 저지를지 모를 일이다.

∷ 술이 편

丘也幸. 苟有過, 人必知之.
구야행. 구유과, 인필지지.

/   /

말 속에 숨은 진의를 알아야 한다

아무리 훌륭한 말을 하는 사람이라도
그가 진정으로 훌륭한 사람,
즉 '군자'라 단정할 수는 없다.
단지 언변이 뛰어난 것일 뿐
실상은 그렇지 않은 사람도 부지기수이다.
사람은 아무리 많이 배웠을지라도
교묘한 거짓말에 속아 넘어갈 수 있다.
말 속에 감춰진 악의를 꿰뚫어 보려면
말의 포장에 현혹되지 않고
말에 담긴 의미를 곰곰이 되새겨 보아야 한다.

⠿ 선진 편

論篤是與, 君子者乎, 色莊者乎.
논독시여, 군자자호, 색장자호.

처음과 끝이 다른 이유

모종일 때는 튼실했던 싹이
꽃도 피우지 못한 채 시들어 버린다.
아름다운 꽃을 피웠지만 열매를 맺지 못하고
시들어 버리는 나무도 있다.
사람의 성장 또한 이와 같아서
노력을 게을리하면
어디서 어떻게 멈추어 버릴지 알 수 없는 일이다.

▦ 자한 편

苗而不秀者 有矣夫. 秀而不實者 有矣夫.
묘이불수자 유의부. 수이불실자 유의부.

011

자신만이 고칠 수 있는 병

기분에 따라 말하는 것이
쉽게 돌변하는 사람은
마음이 건실하지 않은 병에 걸린 것과 다를 바 없다.
이 병은 아무리 영험한 기도로도,
아무리 뛰어난 명의의 치료로도 고칠 수 없다.
결국 주위 사람들로부터 미움을 얻고 외면받을 뿐이다.
이 마음의 병은 그 자신이 문제를 자각하여
스스로 고칠 때에야 비로소 완쾌될 수 있다.

··· 자로 편

人而無恒, 不可以作巫醫.
인이무항, 불가이작무의.

당신은 살아갈 자격이 있다

사회는 신뢰를 바탕으로 이루어진다.
신뢰가 없으면 인간관계도, 사회도 성립되지 않는다.
즉 다른 사람에게 신뢰를 얻지 못하면
이 세상을 살아갈 자격이 없는 것이다.
그러나 단 한 명이라도 자신을 믿어 주는 사람이 있다면,
그것만으로도 당신은 살아갈 자격이 있다.

▦ 위정 편

人而無信, 不知其可也.
인이무신, 부지기가야.

빈곤 속에서도 온화함이 깃든 사람

풍족한 재물을 지니고도
사치 부리지 않으며 교만하지 않기란
그리 어렵지 않다.
그러나 빈곤함 속에서
다른 사람을 질시하거나 원망하지 않으며
유유히 살아가는 것은 무척 힘든 일이다.
여유가 없을 때에도 온화한 마음을 지닌 이야말로
진정 훌륭한 사람이다.

∷ 헌문 편

貧而無怨難, 富而無驕易.
빈이무원난, 부이무교이.

014

물건을 훔치는 자만이 도둑이 아니다

어려서는 천둥벌거숭이처럼 날뛰며
시종 부모를 난처하게 만든다.
성인이 되어서도 제멋대로 행동할 뿐
타인에게 도움 되는 일은 일절 하지 않는다.
늙어서도 주위에 폐를 끼치며 방종한 삶을 연명한다.
이는 법을 어긴 것은 아니지만
도둑과 진배없다.
자신의 생명을 훔치고 있기 때문이다.
사람의 생명은 누군가의 행복을 지탱하기 위해
하늘로부터 부여받는다.
그럼에도 불구하고 제멋대로 살아가는 것은
하늘로부터 생명을 훔치는 것과 같다.

⁂ 헌문 편

幼而不孫弟, 長而無述焉, 老而不死. 是爲賊.
유이불손제, 장이무술언, 노이불사, 시위적.

최악의 잘못

사람은 누구나 잘못을 저지르지만,
그것을 진솔하게 인정하고 뉘우치며
속죄하면 용서받을 수 있다.
그러나 잘못을 저지르고도
'보상해 주고 싶지 않다.'라는 탐욕과 허세 때문에
뉘우치거나 고치려 하지 않으면
그 허물은 영원히 사라지지 않는다.
자신의 잘못을 알면서도 바로잡지 않는 것이야말로
가장 질 나쁜 잘못이다.

※ 위령공 편

過而不改, 是謂過矣.
과이불개, 시위과의.

실패한 사람이
모두 어리석은 것은 아니다

실패한 사람이 모두 어리석은 것은 아니다.
실패를 하고 자신과 다른 이들을 난처한 상황에
몰아넣었음에도 속죄하지 않는 사람.
실패한 후 진지하게 타개책을 고민하지 않고,
타인을 원망하거나 추세에 기대려는 사람이
진정 어리석은 사람이다.

﹉ 계씨 편

困而不學, 民斯爲下矣.
곤이불학, 민사위하의.

017

선악을 가려내는 지혜가 필요하다

두려움 없이 나아가는 용기는 훌륭하다.
그러나 진정한 정의와 악을 구분하는
판단력을 겸비하고 있지 않으면,
모처럼의 용기는 악에 이용당할 수 있다.
용감한 사람일수록
선악을 가려내는 지혜가 필요하다.

⁖ 양화 편

君子有勇而無義 爲亂.
군자유용이무의 위란.

미래를 제대로 응시하는 사람은

미래를 제대로 응시하는 사람은
초자연적인 이야기나 폭력을 찬미하는 이야기,
세상의 규칙을 흐트러뜨리며 그것을 즐거워하는 이야기,
혹은 유령 이야기 등에 빠져들지 않는다.
이 같은 화제는 흥미로운 오락거리는 되겠지만,
현실 세계에서 미래를 만들어 나가는 데
아무런 도움이 되지 않는다.

※ 술이 편

子不語怪力亂神.
자불어괴력난신.

019

끊임없이 자신을 갈고닦는다

인생에는,
때론 열정이 있어도 마땅한 일을 찾지 못하고
집에 틀어박혀 지내는 시기가 있다.
하지만 그런 때일수록 낙심하지 말고
배움을 계속하며 자신을 갈고닦아 두어라.
그러면 언젠가 세상에 나왔을 때
쌓아 두었던 기량을 펼치며 자신의 꿈과 신념에
성큼 다가갈 수 있을 것이다.
기회는 불시에 찾아오는 것이며,
준비된 사람만이 그 기회를 붙잡아
자신의 이상을 펼칠 수 있다.

※ 계씨 편

隱居以求其志, 行義以達其道.
은거이구기지, 행의이달기도.

자신의 가능성을 함부로 부정하지 말라

정말로 능력이 부족하다면
무리하지 말고 깨끗이 단념하는 것이 옳다.
다만 이것은 할 수 있는 모든 노력을 쏟아
자신이 가진 능력의 한계를 분명히 알았을 때의 이야기다.
처음부터 아무것도 하지 않고
'어차피 나로선 불가능해.'라며 정색하는 것은
게으른 자들의 변명에 불과하다.
이는 자신의 가능성을 함부로 부정하는
어리석은 태도다.

※ 술이 편

力不足者, 中道而廢, 今女畫
역부족자, 중도이폐, 금여획

일하는 자의 마음가짐

내가 필요한 자리에서 일하기로 마음먹었다면
성심을 다해 재능을 펼치고 일을 완수한다.
그리고 어느 순간 '이제 당신이 할 일은 다하였다.'라는
이야기를 듣는다면 미련 두지 말고 순응하며 물러나라.
자신에게 주어진 책임은 확실히 수행하되,
아무리 욕심나는 자리일지라도
나의 쓰임이 다한 일에는 아등바등 미련을 두지 않는다.
이것이 다수를 위해 일하는 자의 마음가짐이다.

::: 술이 편

用之則行, 舍之則藏.
용지즉행, 사지즉장.

두 번 숙고했다면 그것으로 족하다

계획을 다시 점검할 때에는
제대로 된 한 번의 검토면 충분하다.
두세 번에 이르러 장황하게 재고하는 것은
실천을 미루고 우물쭈물하는 것과 다름없다.

공야장 편

再思斯可矣.
재사사가의.

023

말이 제대로 서야 일을 이룰 수 있다

말이라는 것은 그저 입 밖으로 내뱉어져
공기 중으로 사라지는 것이 아니다.
누군가가 내놓은 한마디의 말이
상황을 바꾸고 사람의 마음을 변화시키기도 한다.
달리 말하면, 순리에 맞지 않는 말을 함으로써
중대한 일을 그르칠 수도 있는 것이다.
그렇기에 말이란 신중하고 정확하게 나와야 한다.

※ 자로 편

言不順, 則事不成.
언불순, 즉사불성.

024

해가 되는 존재

배움을 등한시하는 사람들에게 칭송받는 자는
단지 재미있고 우스운 이야기로
저속한 즐거움을 선사하는 자에 불과하다.
그런 사람은 아무리 인기가 있어도,
그것을 이용해 사사로운 이익만 꾀할 뿐
사람을 정의로 이끌지는 못한다.
그렇기에 장기적인 관점에서 보면
오히려 해害가 되는 존재이다.

⋮ 양화 편

鄕原, 德之賊也.
향원, 덕지적야.

025

행복의 조건

확실하게 큰돈을 벌 수 있는 일이 있다면
그것을 추구하는 것도 나쁘지 않다.
하지만 '틀림없이 큰 이익을 거둘 수 있는 일'은
실제로 존재하기 어렵다.
현실이 그러하다면
내가 좋아하는 일을 하며 살아가는 것이
가장 행복한 삶일 것이다.
그로 인해 돈을 벌든, 손해를 입든
스스로 선택한 길이라면 납득할 수 있다.

※ 술이 편

如不可求, 從吾所好.
여불가구, 종오소호.

자신만의 예의를 지키는 것에서 비롯된다

사람이 인내하는 것을 잊으면 욕망이 흘러넘친다.
그 욕망을 내버려 두면 주변을 오염시킬 뿐만 아니라
자신까지 파멸로 몰아넣는다.
그렇기에 욕망에는 반드시 제동 장치를 걸어 두어야 한다.
그것이 바로 '예의'이다.
예의는 마음을 지탱하고 욕망을 억제하게 한다.
이것이 정의의 실행이다.
말하자면 정의는
먼저 자신만의 예의를 지키는 것에서 비롯된다.

❊ 안연 편

克己復禮爲仁.
극기복례위인.

쉼 없이 나아간다

쉼 없이 흐르는 강을 바라보며 공자가 말하였다.
"사람도 자연도, 이 세상 모든 것이 이 강의 흐름과 같다.
낮이든 밤이든 한순간도 쉬지 않고 나아간다.
계속 같은 상태로 머물러 있는 것은 없다.
사람의 삶도 이처럼
앞을 향해 나아가는 것이 당연하다."

⁂ 자한 편

子在川上曰, 逝者如斯夫, 不舍晝夜.
자재천상왈, 서자여사부, 불사주야.

넘침은 모자람과 다르지 않다

열정은 무언가를 해내기 위한 에너지이다.
그렇기에 열정이 모자라면 무엇도 온전히 해낼 수 없다.
하지만 열정이 지나치면 마음이 조급해진다.
사실을 오인하게 만들며, 실패를 초래한다.
정도를 넘어선 열정은 성공을 가로막는 장애가 된다.
인생에 부정적으로 작용한다는 의미에서
넘침은 모자람과 다르지 않다.

∷ 선진 편

過猶不及.
과유불급.

/   /

삶도 아직 모르는데
죽음을 어찌 알 것인가

인생의 의미는 그리 쉽게 알 수 있는 것이 아니다.
살아 있는 한 무수한 가능성이
끊임없이 펼쳐지는 것이 인생이다.
그렇기에 살아 있는 동안 '자신의 죽음'을
생각할 여유 따위는 없는 것이다.

▓ 선진 편

未知生, 焉知死.
미지생, 언지사.

《논어》의 키워드는
'예', '인' 그리고 '군자'이다

《논어》의 핵심 키워드는 '예禮'이다. 사람으로서 지켜야 할 것, 세상을 평화로 이끄는 것, 이는 전 인류에게 공통으로 적용되는 절대적인 규칙이다. 공자는 그것을 '예'라고 했다. 여기서 공자가 말하는 '예'는 '예의'나 '친절한 행동'과 같이 막연한 것이 아니다. 좀 더 현실적이고 구체적인 고대 중국의 전통적인 예의범절을 가리킨다.

중국의 전통적인 세계관으로 보면 사람이 사는 세상은 몇 개의 나라로 나뉘어 있고 각각의 나라에는 왕이 존재한다. 그리고 그 왕들 위에 인류를 통합하는 지배자가 존재한다. 이를 '천자天子'라고 하며 천자의 가문을 '왕조王朝'라고 한다. 즉 왕조란 '신의 가계'라고 말할 수 있다. 다만 정말 신의 가계라면 영원히 지속되어야 하겠지만, 현실 속 중국은 긴 역사 속에서 수많은 전란을 겪으며 여러 차례 왕조가 바뀌어 왔다.

공자가 살던 시대는 '주周왕조'가 수립된 지 600년 정도가 지났을 무렵으로 주왕조의 쇠퇴기였다. 이 시대에는 천자의 권위가 땅에 떨어져 각국은 왕조를 업신여기고 제멋대로 세력 다툼을 벌였다. 게다가 각 나라 안에서도 귀족과 왕가가 대립하는 등 중국 대륙 전체는 완전한 약육강식의 소용돌이에 휩싸여 있었다.

공자의 고국인 '노魯'는 일찍이 주왕조의 일족이 세운 나라였다. 그러한 고국의 영향을 받은 공자는 주왕조의 열렬한 지지자였다. 공자는 중국의 역사를 철저히 공부하고 연구한 끝에 '주왕조의 정치 스타일이야말로 세상을 진정한 평화로 이끄는 것이다.'라는 결론을 내렸다. 그리고 주왕조의 전통적인 예의범절을 전 인류에 공통되는 평화를 위한 기본 규칙인 '예'라고 정했다. 그렇기에 공자가 말하는 예란, 보다 정확히는 '주왕조의 예'인 것이다.

공자의 뜻에 따르면 주왕조의 예, 즉 주왕조의 전통적인 예의범절이야말로 사람이 지녀야 할 올바른 마음가짐인 '덕德'이다. 그리고 이 주왕조의 예를 끝까지 지켜내는 것이 정의, 즉 '인仁'이라는 것이다. 이 '인'을 완전하게 실행할 수 있는 사람이야말로 가장 이상적인 사람이며, 이를 '군자君子'라고 일컬었다.

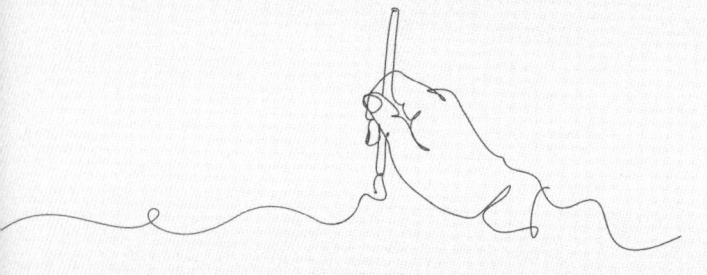

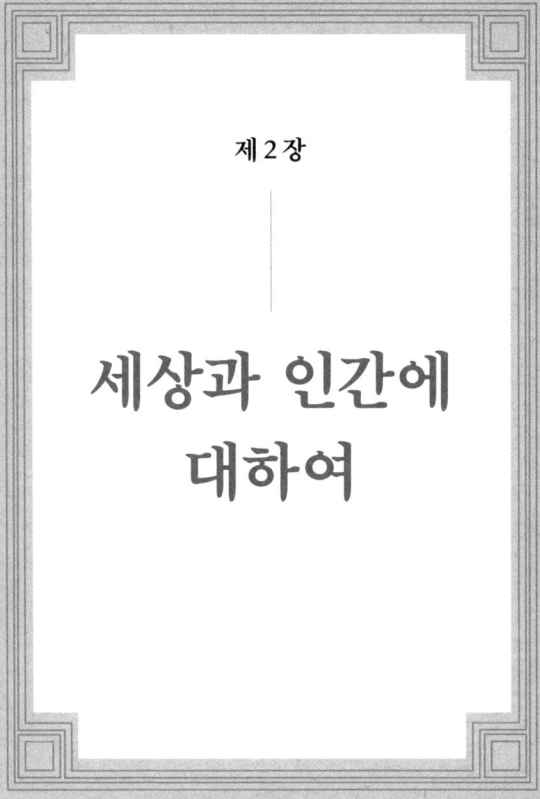

제 2장

세상과 인간에
대하여

마음이 한결같은 사람

마음이 한결같은 이를 만나고 싶다.
없으면서 있는 체하고,
텅 비었으면서도 가득한 체하며
좁은 소견을 가졌으면서도 넓은 견문을 지닌 양
허세 부리는 것이 요즘 사람들의 모습이다.
자신의 삶을 있는 그대로 받아들이며
'인생은 이로써 충분하다.'라고 말하는
한결같은 마음을 지닌 이를 만나기란 좀처럼 쉽지 않다.

술이 편

得見有恒者斯可矣. 亡而爲有, 虛而爲盈, 約而爲泰, 難乎有恒矣.
득견유항자사가의. 망이위유, 허이위영, 약이위태, 난호유항의.

가까울수록 신의와 예의를 갖추어라

친구와 만난 다음에는
혹시 내가 친구의 신뢰를 저버리는
경솔한 행동을 하지는 않았는지 되돌아보라.
그가 가까운 친구라면 더욱 그러하다.
아무리 작은 약속이라도
신의를 가지고 충실히 지켰는지 늘 자신을 돌아본다.
이것이 우정을 가꾸는 마음가짐이다.

⋯ 학이 편

與朋友交, 而不信乎.
여붕우교, 이불신호.

타인으로부터 구해야 할 것

존경할 만한 사람, 어진 사람이 주변에 있다면
그의 언동을 보고 배운다.
한편 존경할 수 없는 이가 있다면
그의 잘못이나 결점을 잘 살펴
자신도 그 같은 실수를 범하고 있지는 않은지
반성하는 거울로 삼는다.
타인의 장점뿐만 아니라 단점 또한
나를 성장시키는 자양분이 된다.

∷ 술이 편

擇其善者而從之. 其不善者改之.
택기선자이종지. 기불선자개지.

어리석음을 깨달아야 시작할 수 있다

예의범절을 배우지 못하고,
배려심을 지니지도 못한 채 제멋대로 자란 사람은
건실한 인간관계를 맺을 수 없다.
이런 사람은 상대가 한 번이라도 상냥하게 대해 주면
그것을 당연히 여기고 끊임없이 이기적인 부탁을 한다.
그렇다고 해서 엄히 꾸짖고 충고하면
반성은커녕 도리어 원한을 품는다.
결국 아무도 상대해 주지 않게 된다.
이런 이는 하루라도 빨리
자신의 어리석음을 깨달아야 한다.
깨닫기만 하면 예의를 배우는 것은 언제든 시작할 수 있다.

⋮ 양화 편

唯女子與小人, 爲難養也. 近之則不孫, 遠之則怨.
유여자여소인, 위난양야. 근지즉불손, 원지즉원.

최소한의 예의

조화로운 삶을 위해 서로 친목을 도모하고
친근한 태도로 상대를 대하는 것은 좋은 일이다.
단, 아무리 가깝고 돈독한 관계를 맺기 위함일지라도
최소한의 예의만큼은 잊지 않아야 한다.
최소한의 예의가 사라지면
제대로 된 인간관계를 맺는 것은 고사하고
어떠한 일도 원활히 진행되지 않는다.

▦ 학이 편

知和而和, 不以禮節之, 亦不可行也.
지화이화, 불이례절지, 역불가행야.

좋은 인연은 노력으로 얻어진다

이야기를 나눌 가치를 지닌 사람을 만났음에도
말 한마디 걸지 못하고 헤어졌다면,
모처럼 멋진 친구를 얻을 기회를
스스로 놓친 것과 다름없다.
사람과 사람 사이의 인연은
먼저 노력하지 않으면 얻을 수 없다.

※ 위령공 편

可與言而不與之言, 失人.
가여언이불여지언, 실인.

나는 타인을 얼마나 이해하고 있는가

다른 이가 나를 이해해 주지 않는다고
불만에 가득 차 끙끙 앓아 봤자
해결되는 것은 아무것도 없다.
그 전에 나는 다른 사람을 얼마나 이해하고 있는지,
그의 가치와 재능을 제대로 인정하고 있는지를
반문해 볼 필요가 있다.

학이 편

不患人之不己知, 患不知人也.
불환인지불기지, 환부지인야.

억측을 멀리하되 통찰력을 지녀야 한다

타인을 바라볼 때
'혹시 나를 속이려는 것은 아닐까.' 지레짐작하지 말라.
'혹시 나를 의심하는 것은 아닐까.' 걱정하지 말라.
선량한 사람은 억측하지 않는다.
다만 이것만으로는 현명한 사람이 될 수 없다.
억측은 하지 않되, 자신을 속이려는 상대방의 악의를
직관적으로 간파하는 통찰력을 지녔을 때
진정으로 '현명하다'고 할 수 있다.

::: 헌문 편

不逆詐, 不億不信, 抑亦先覺者, 是賢乎.
불역사, 불억불신, 억역선각자, 시현호.

드러나는 말만으로 판단하지 않는다

배려심이 있는 사람의 말에는
언제나 상냥함이 묻어난다.
그러나 상냥하게 말을 걸어오는 사람이
반드시 배려심을 지녔다고는 말할 수 없다.
상냥한 말은 거짓으로도 꾸밀 수 있으며,
이러한 거짓 상냥함에는 상대를 이용해
이득을 보려는 욕심이 숨어 있기 때문이다.
그럴싸하게 말만 떠들 뿐 행동은 그렇지 않은 사람들이
우리 주변에도 드물지 않다.

▦ 헌문 편

有德者必有言, 有言者不必有德.
유덕자필유언, 유언자불필유덕.

마음의 성장을 촉진하는 표본

호감이 가거나 존경심이 솟는 사람을 보면
'나도 저런 사람이 되자.'라는 긍정의 목표를 가질 수 있다.
존경할 수 없는 사람이나 불쾌감을 주는 사람을 보면
'혹시 나에게도 저런 결점이 있는 건 아닐까.' 하고
스스로를 되돌아볼 수 있다.
이르자면 주위에 있는 사람 모두가
마음의 성장을 촉진하는 표본인 것이다.

▦ 이인 편

見賢思齊焉, 見不賢而內自省也.
견현사제언, 견불현이내자성야.

속이지 말 것이며, 직언하라

충성스러운 부하가 가져야 할 마음가짐은 두 가지다.
첫째, 상사를 속이지 않는다.
둘째, 상사가 잘못을 하면 분명하게 비판하고 간언한다.
이러한 부하는 상사의 비위를 맞추는 것보다
옳고 그름을 밝혀 일을 바로잡는 것이
가장 중요한 일임을 안다.
그런 부하를 멀리하고 화를 내는 상사는
어리석을 뿐만 아니라 함께 일할 가치가 없다.

※ 헌문 편

勿欺也. 而犯之.
물기야. 이범지.

041

용기와 만용의 차이

맨손으로 호랑이와 맞서려 한다거나
아무런 장비도 없이 큰 강을 건너려고 하지 말라.
이 같은 무모한 도전을 하며
'나는 죽을 각오가 되어 있으므로 괜찮다!'라고
호언하지 말라.
이런 자는 결코 용기 있는 사람이 아니다.
단지 자신의 힘을 과시하고 싶을 뿐인 어리석은 사람이다.
이처럼 만용에 가득 찬 사람과 함께 있으면
목숨이 몇 개라도 부족하다.

▓ 술이 편

暴虎馮河, 死而無悔者, 吾不與也.
포호빙하, 사이무회자, 오불여야.

젊다는 것, 가능성이 있다는 것

젊다는 것은 그것만으로도 충분히 존중할 가치가 있다.
그렇기에 연장자는 언제나
젊은이를 소중히 여기는 마음을 가져야 한다.
젊은이들은 앞으로 어떻게 성장하고
어떤 발전을 보여 줄지 정해져 있지 않다.
그들에게는 그 무엇보다도 소중한 것,
가능성이 있다.

▦ 자한 편

後生可畏也.
후생가외야.

정의로운 공평

누구에게나 마냥 상냥하고 친절하게
대하는 것은 큰 잘못이다.
마음이 의롭고 선량한 이에게는
그에 걸맞은 친절로 보답하는 것이 맞지만,
부정한 자나 어리석은 사람은
엄중히 꾸짖어야 한다.
이것이 정의로운 '공평'이다.
꾸짖어야 할 상대를 친절히 대하는 것은
그 사람을 더욱 나쁜 길로 밀어낼 뿐이다.
이는 아첨이고 가식적인 손익 계산이다.
혹은 악에 굴복하거나 가담하는 것이기도 하다.
그리고 이것은 자신의 마음까지 타락시킨다.

⋮ 헌문 편

以直報怨, 以德報德.
이직보원, 이덕보덕.

044

타인의 장점을 솔직하게 인정한다

여럿이 합창할 때
누군가 아름다운 목소리를 지녔다면
먼저 그에게 독창을 청하여 그 미성을 음미한다.
그런 다음 합창을 하면
더욱 아름다운 노랫소리가 만들어질 것이다.
타인의 재능을 질투하지 않고 솔직하게 받아들이면
그의 좋은 점을 내 성장의 일환으로 삼아
발전할 수 있다.

※ 술이 편

與人歌而善, 必使反之, 而後和之
여인가이선, 필사반지, 이후화지.

045

일생일대의 결심이기에

무언가를 함께 배울 동료를 만나기란 그리 어렵지 않다.
진심으로 배우고자 하는 마음이 있으면
같은 뜻을 가진 이들끼리 저절로 끌리기 때문이다.
그러나 정의의 길을 함께 걸어갈 동료를 만나기는
몹시 어렵다.
그것은 일생일대의 결심이기에
가벼운 마음으로 타인에게 권유할 수 없기 때문이다.

　　　　　　　　　　　　　　　　　자한 편

可與共學, 未可與適道.
가여공학, 미가여적도.

진정으로 정직하다는 것

타인의 실수를 비방하고 비밀을 폭로하는 것이
마치 대단히 올곧고 정직한 행동인 양
자랑하는 사람이 있다.
그러나 타인의 결점을 들추는 것은 결코 '정직'이 아니다.
스스로가 인생의 바른 길을 잘 알고 있으며
그것을 꾸밈없이 실천하여
자신에게 당당한 것이 바로 진정한 정직이다.

※ 양화 편

惡訐以爲直者.
오알이위직자.

태양과 달이 마음에 들지 않는다 한들

누군가가 태양과 달이 마음에 들지 않는다며
절교를 선언한들,
태양과 달은 조금도 신경 쓰지 않는다.
오히려 난처해지는 것은 사람이다.
마찬가지로 상대방이 정말로 훌륭한 사람이라면,
내가 하찮은 허세나 고집을 부려 상대를 부정해 본들
나에게 아무런 이익이 되지 않는다.
그저 상대의 훌륭함을 인정하고
솔직하게 가르침을 청하는 편이
진정 자신을 위하는 일이다.

⁝ 자장 편

人雖欲自絶, 其何傷於日月乎.
인수욕자절, 기하상어일월호.

부정하지 않는다

현재와 동떨어진 구태나 낡은 방식을 고수하는
부모의 생각을 바꾸고 싶다면,
부모의 마음이 상하지 않도록
진중하고 부드러운 말로 간청하라.
그럼에도 불구하고 부모가 변화를 거부한다면
그에 순응하고 그들 시대의 방식을 존중하라.
내용이 아무리 옳다 한들
무조건 비난하는 것은 용서받지 못할 불효가 된다.
설령 시대착오적이라 할지라도
부모는 그 가치관에 따라 인생을 쌓아 왔기에
그것을 부정하지 않는 것이 배려이고 또 효행이다.

∷ 이인 편

事父母, 幾諫, 見志不從, 又敬不違.
사부모, 기간, 견지부종, 우경불위.

049

사랑한다면 고난을 경험케 하라

자식을 위한다는 명목으로
소소한 문제까지 대신 해결해 주려는 부모가 있다.
어려움을 겪는 자식의 모습이 안타까운 것은
부모로서 당연한 마음일 것이다.
그러나 그렇다고 하여 자식의 앞길을 대신 닦아 주는 것은
아무런 무기 없이 자식을 전쟁터에 내보내는 것과 같다.
사람은 인생에서 부닥치는 크고 작은 어려움을
스스로 극복해 나갈 필요가 있다.
그 과정을 통해 언젠가 맞닥뜨릴 커다란 역경을
견뎌낼 힘을 기를 수 있기 때문이다.
사랑한다면 고난을 경험케 하라는 까닭이
바로 여기에 있다.

※ 헌문 편

愛之, 能勿勞乎.
애지, 능물로호.

공경하는 마음이 없다면

요즘 사람들 가운데 몇몇 이들은
연로한 부모를 대함에 있어
'식사만 제때 챙겨 드려도 효도하는 것'이라며
마치 자비를 베푸는 듯한 태도를 보이는데
이는 큰 잘못이다.
사람은 집에서 기르는 개나 말에게도 매일 먹이를 준다.
먹여 주기만 하면 된다는 태도는
연로한 부모를 개나 말과 같이 취급함과 같다.
그런 취급을 받고 기뻐할 사람이 있을까.
부모를 공경하는 마음이 없다면
물질적으로 아무리 좋은 것을 해 주어도
진정한 효도가 아니다.

※ 위정 편

今之孝者, 是謂能養. 至於犬馬, 皆能有養. 不敬, 何以別乎.
금지효자, 시위능양. 지어견마, 개능유양. 불경, 하이별호.

051

부모를 기쁘게 하는 것은
자식의 얼굴이다

효에서 중요한 것은
부모에게 보이는 자식의 얼굴이다.
부모의 일을 돕고 귀한 음식을 장만해
부모를 봉양하는 것은 분명 훌륭한 효도일 테지만,
그 표정이 평온하지 않다면
모처럼의 효행은 무용지물이 되어 버린다.
자식이 괴로운 얼굴을 하고 있으면
부모는 아무리 좋은 것이 주어진다고 해도
기쁘지 않기 때문이다.

∷ 위정 편

色難. 有事, 弟子服其勞. 有酒食, 先生饌, 曾是以爲孝乎.
색난. 유사, 제자복기로. 유주사, 선생찬, 증시이위효호.

/   /

예의와 배려는 형제의 정을 낳는다

주위 사람들을 소중히 여기며
폐를 끼치지 않기 위해 몸가짐을 단정히 한다.
누구를 대하든 배려를 잊지 않으며 예의를 갖춘다.
이런 사람에게는 주위의 모든 이들이
호의를 갖고 따뜻한 마음으로 다가온다.
주변 사람 모두가 그와 깊은 우애를 나눈
형제가 되어 간다.

▦ 안연 편

君子敬而無失, 與人恭而有禮, 四海之內, 皆兄弟也.
군자경이무실, 여인공이유례, 사해지내, 개형제야.

053

자신이 싫으면 남에게도 행하지 않는다

누구나 지켜야 할 인생의 주제는
서恕, 즉 배려다.
배려란 자신이 싫어하는 것은
타인에게도 행하지 않는다는 마음가짐이다.

※ 위령공 편

其恕乎. 己所不欲, 勿施於人.
기서호. 기소불욕, 물시어인.

사람이 살아갈 곳은 인간 세상뿐이다

아무리 인간 세상이 싫어졌다 한들
새나 짐승이 사는 세계에서
사람이 홀로 살아갈 수는 없다.
사람이 살아갈 곳은 오로지 인간 세상이다.
그렇다면 결국 세상을 좋아하는 수밖에 없지 않은가.
세상을 싫어하는 자신의 마음을 고쳐먹거나,
세상의 싫은 부분을 고쳐
살기 좋은 세상이 되도록 바꾸거나.
어느 쪽이 옳은 길인지 먼저 생각해 보아야 한다.

⠿ 미자 편

鳥獸不可與同群.
조수불가여동군.

《논어》는
공자의 제자들이 정리한 언행록이다

공자는 '사람을 향한 애정'이 깊었던 철저한 휴머니스트였다. 그가 결국 '주왕조의 예'에 도달한 것도, 그 '예'가 '사람과 사람 사이의 애정과 배려'를 누구나 알 수 있는 형태로 만든 것임을 깨달았기 때문이다. 따라서 공자가 설파한 '예'의 실천은 모든 문화, 모든 입장에 있는 사람들이 납득할 수 있으며 그로써 기쁨을 느낄 수 있다. 실로 군자의 실상을 철저히 파헤쳐 보면, '누구에게나 배려 깊은 사람'임을 알 수 있다.

《논어》는 공자가 말하는 그러한 인간론을 집대성한 것이다. 그렇기 때문에 2,000년이 넘는 시간이 흐른 지금도 많은 이들의 마음속 버팀목으로 자리해 있다. 덧붙여 이 《논어》라는 제목은 '공자가 논의한 말을 모은 것'이라는 정도의 의미로 붙여진, 지극히 단순한 명칭이다. 총 20편으로 구성되어 있지만 각 편의 특징적인 차이는 거의 없다. 편의 제목도 단순히 첫머리의 두 글자를 그대로 쓰고 있을 뿐 특별히 담긴 의미는 없다.

또한 《논어》는 공자가 직접 저술한 책이 아니다. 공자 사후에 제자들이 공자에게 배운 뜻이나 공자와의 추억담을 정리한 것이다. 처음 전

반의 열 편을 완성한 후 후반의 열 편은 나중에 덧붙였다. 그중에는 공자에게 가르침을 얻은 제자의 언행을 다시 그 제자들이 전수한 내용들도 다수 수록되어 있다.

중국에서는 한무제漢武帝(기원전 141~87년 재위)가 통치하던 시절부터 유교를 국교로 삼았다. 그 후 왕조가 계속해서 바뀌었지만 변함없이 신봉되어 왔다. 현대에도 유교는 중국인, 특히 한족의 마음에 커다란 의지가 되고 있다. 한국과 일본 또한 고대부터 왕성하게 중국 문명을 받아들였기 때문에, 유교의 가르침은 동아시아 전역에 뿌리내려 있다.

다만, 《논어》는 표현이 너무 간결하여 오히려 의미 전달이 어려운 부분도 많다. 그래서 《논어》의 내용을 해설하는 주석서가 여러 사람들에 의해 만들어졌다. '한漢'나라 시대부터 현재에 이르기까지 《논어》의 주석서는 만여 점에 가깝다. 즉, 《논어》는 각각의 시대에 맞추어 늘 재해석되어 온 책이라고 할 수 있다.

제 3 장

배움과 가르침에 대하여

배움이 깊을수록

배움이 깊어짐에 따라
우리는 이 세상에 다양한 가능성과 가치,
인생관이 있음을 깨닫게 된다.
그렇기 때문에 바르게 배운 사람일수록
자신만 옳다는 생각을 하지 않는다.
배움이 깊을수록 완고해지지 않는다.
달리 말해 완고한 사람이란,
제대로 배우지 못한 사람이다.

※ 학이 편

學則不固.
학즉불고.

두 가지의 균형이 중요하다

지식을 집어넣기만 할 뿐
그것을 바탕으로 스스로 사고하지 않으면
일의 올바른 모습을 볼 수 없다.
반대로, 지식을 확실하게 익히지도 않은 채
제멋대로 생각하면 한쪽으로 치우친
독단적인 결론에 도달해 버린다.
이것 역시 일의 올바른 모습을 볼 수 없게 한다.
배움과 생각, 이 두 가지의 균형이 중요하다.

▓ 위정 편

學而不思則罔, 思而不學則殆.
학이불사즉망, 사이불학즉태.

057

진정으로 아는 사람

제대로 알지 못하면서
어설픈 기억이나 엿들은 풍월로
다른 사람에게 이야기를 전하다 보면
'나는 이 일에 대해 잘 알고 있다'고 착각하게 된다.
확실히 알고 있는 것만 '안다'고 자각하고
그렇지 않은 것은 '모른다'고 인정하라.
이와 같이 깨어 있는 사람이
진정으로 아는 사람이다.

⋮ 위정 편

知之爲知之, 不知爲不知, 是知也.
지지위지지, 부지위부지, 시지야.

마음의 성장은
타인과의 소통에서 시작된다

책을 통해 지식을 얻는 것은 중요하다.
그러나 마음의 성장을 위해
그보다 우선하여 행할 것이 있다.
먼저 가족이나 주위 사람들을 위해
자신이 할 수 있는 일을 성심껏 행한다.
다음으로는 존경할 수 있는 사람과 교류하며
그를 돕거나 그의 언행을 보고 배운다.
그런 후에도 여유가 있다면 그때 책을 접한다.
사람과의 소통을 제쳐 놓고
단순히 책 속의 지식에만 빠져들면
마음의 진정한 성장은 기대할 수 없다.

∷ 학이 편

汎愛衆而親仁, 行有餘力, 則以學文.
범애중이친인, 행유여력, 즉이학문.

아무것도 배우지 못한 사람

아무리 능력이 뛰어날지라도
거만한 태도로 능력을 내놓기를 아까워하는 사람은
아무것도 배우지 못한 사람과 같다.
사람의 능력은 자신뿐만 아니라
타인의 행복을 위해 발휘될 때 그 진가가 드러난다.
바르게 배운 사람이라면
이러한 사실을 누구보다 잘 알고 있다.

▒ 태백 편

使驕且吝, 其餘不足觀也已矣.
사교차린, 기여부족관야이.

060

썩은 나무에는 무늬를 새길 수 없다

어떠한 명인도 썩은 나무에는 무늬를 새길 수 없다.
아무리 솜씨 좋은 미장이라도
썩은 흙으로는 견고한 벽을 쌓을 수 없다.
사람의 마음도 이와 마찬가지다.
아무리 좋은 교사를 만나더라도
배우는 이의 마음이 비뚤고 의욕이 없다면
제대로 성장할 수 없다.
그러므로 배움에 앞서
내 마음이 비뚤어지지는 않았는지,
진정성을 가지고 일을 대하는지 항상 살펴야 한다.

▦ 공야장 편

朽木不可雕也. 糞土之牆不可杇也.
후목불가조야, 분토지장불가오야.

하나의 전진

배움이란 드넓은 황무지를 평평하게 고르는 것과 같다.
거친 땅에 내리친 단 한 차례의 괭이질이
그 땅을 비옥하게 일구기 위한 하나의 전진이듯,
아주 소소할지라도 무언가를 배운다는 것은
그것만으로도 훌륭한 전진이다.
아무리 작은 노력이라도
아무것도 하지 않는 것보다는 훨씬 큰 가치가 있다.

::: 자한 편

譬如平地, 雖覆一簣, 進, 吾往也.
비여평지. 수복일궤, 진, 오왕야.

생각에 앞서 기본을 배운다

일전에 나는 종일토록
아무것도 먹지 않고, 한숨도 자지 않으며
오로지 하나의 생각에만 골몰했던 적이 있다.
그러나 결국 변변한 결론이나
이치 하나 얻지 못한 채 헛고생만 하였다.
요컨대 홀로 생각하는 것보다
기본을 배우는 것이 선행되어야 한다는 것이다.
어떤 일이든 기본을 익히지 않으면
바른 결론을 이끌지 못한다.

∷ 위령공 편

吾嘗終日不食, 終夜不寢以思, 無益, 不如學也.
오상종일불식, 종야불침이사, 무익, 불여학야

배움을 계속할 때
인생은 흥미로움으로 가득 찬다

모르는 것이 생기면 배움에 대한 의욕이 넘쳐흘러
밥을 먹는 것조차 잊어버린다.
배움이 깊어감에 따라 몰랐던 것을 알게 되니,
그 즐거움에 걱정거리도 잊힌다.
이렇게 해를 거듭하여 백발의 노인이 되었지만
아직도 배울 것이 많기에
외로움이나 공허함을 느낄 겨를이 없다.
그리고 인생은 늘 이러했기에 지금까지 행복했다.
배움을 계속할 때 인생은 흥미로움으로 가득 차고
생을 마감하는 순간까지 설렐 수 있다.

※ 술이 편

發憤忘食, 樂以忘憂, 不知老之將至也云爾.
발분망식, 낙이망우, 부지노지장지야운이.

누군가 배움을 청하면 성심으로 답한다

지식이 부족한 사람이 하는 질문은
그 의미를 알 수 없는 경우가 많다.
그럴 때 나는 그가 묻고자 하는 것이
무엇인지 분명히 하기 위해
먼저 그 사람의 마음을 낱낱이 풀어내듯이
사소한 부분까지 상세히 문답한다.
그리하여 질문의 내용이 어느 정도 명확해지면
그가 이해할 수 있는 언어로 부드럽게 답해 준다.
이것을 되풀이하는 것이 교육이다.

⁂ 자한 편

有鄙夫問於我, 空空如也, 我叩其兩端而竭焉.
유비부문어아, 공공여야, 아고기양단이갈언.

065

가르친 후에 일을 맡긴다

제대로 훈련받지 않은 병사를 이끌고
전쟁을 시작하는 것은,
병사들의 목숨을 내버리는 것과 같다.
훈련을 받지 않은 병사가 치열한 전장에서
제대로 싸울 수 있을 리 없기 때문이다.
무슨 일이든 배움이 없는 상태에서 일을 시켜 실패한다면,
실패의 원인은 일을 행한 자가 아니라
일을 시킨 자에게 있다.

··· 자로 편

以不教民戰, 是謂棄之.
이불교민전, 시위기지.

아는 것과 배우는 것

이 세상에는 책의 도움이나 교사의 가르침 없이
태어날 때부터 지닌 재능만으로
많은 것을 할 수 있는 사람이 있다.
이른바 천재라 불리는 사람이다.
그러나 천재가 아닐지라도 아쉬워하지 말라.
많은 것을 귀담아듣고
그 가운데 합당한 것을 골라 따르며,
많은 것을 보고 그 가운데 좋은 것을 마음에 담아 둔다.
그리하면 천재가 아는 것과 다를 바 없다.

∭ 술이 편

蓋有不知而作之者.
개유부지이작지자.

교육의 기본

가르침에 있어서
'어느 것은 중요하고, 어느 것은 중요하지 않다.'
이리 판단하는 것은 어리석은 자의 생각이다.
모든 가르침에는 나름의 가치와 정의가 담겨 있다.
단, 상대의 역량을 고려하지 않고
갑작스럽게 난해한 내용을 가르치는 것은 경계해야 한다.
폭넓은 가르침을 전하되, 배우는 이의 수준을
고려하는 배려가 필요한 것이 교육이다.
갑자기 지나치게 높은 수준의 내용을
'배우라'며 강요하는 것은 교육이라 할 수 없다.

▦ 자장 편

君子之道 焉可誣也.
군자지도 언가무야.

평생을 역경 속에 살았던
공자의 인생

공자는 지금으로부터 약 2,500년 전에 생존했던 인물로서, 성은 공孔, 이름은 구丘라고 한다. 덧붙여 '자子'란, 중국에서 독자적인 학설을 세운 인물을 나타내는 경칭이다. 예를 들면 병법의 대가인 손자孫子의 본명은 손무孫武이다.

공자는 우리 인류사에서 크나큰 족적을 남긴 위대한 사상가 중의 한 명이다. 그의 가르침인 유교는 '사람으로서 올바른 삶의 방식'이라는 지침으로 전해져, 지금도 아시아를 중심으로 전 세계 사람들의 마음속 지주로 자리 잡고 있다. 공자의 생애는 고대 중국의 역사서인 《사기史記》에 그 실체가 명확하게 정리되어 있다. 《사기》는 공자 사후 300여 년 후에 쓰인 것이지만 역사서로의 완성도로 보면 그 내용은 신뢰하기에 충분하다.

그러나 정작 공자 본인은 그처럼 큰 업적을 남겼다는 자각이 없었다. 대업을 달성한 자신의 인생에 만족은커녕 만년에 이르기까지 아쉬움이 가득했던 것으로 보인다. 그도 그럴 것이 공자의 인생은 보기 딱할 만큼 '생각대로 되지 않는 인생'이었다. 무엇을 하든 늘 벽에 부딪쳐 괴로워했다. 분명 그는 언제나 마음속으로 이렇게 외치고 있었을

것이다. '이 따위 인생, 정말 못살겠다!'
하지만 그는 한 번도 실의에 빠져 인생을 자포자기하며 살지 않았다. 아무리 힘들 때에도 주위에 대한 배려를 잊지 않았다. 늘 상냥함과 유머와 경의를 가지고 사람들을 대하는 진정 훌륭한 사람이었다. 자신이 힘들 때에도 다른 사람을 헤아린다는 것은 강인한 정신력을 지니고 있지 않으면 불가능한 일이다.

공자의 꿈은 젊은 시절부터 하나였다. 바로 나라를 위해 일하는 고급 관리가 되는 것이었다. 그가 한결같이 면학에 전념한 것도 모두 꿈을 위해서였다. 즉 공자는 결코 세속에서 초연한 사람이 아니라 정치적 야심을 격렬히 불태우며 권력을 추구한 남자였다. 이렇게 말하면 그동안 우리가 알고 있던 공자의 이미지와는 다소 차이가 있을지 모른다.

하지만 공자의 인생 주제는 '배려 깊고 질서 있는 평화의 세상으로 사람들을 이끄는 것'이었다. 그리고 끊임없이 공부하며 사색한 끝에 '배려를 완벽한 형태로 만든 것이 바로 전통적인 예의범절'이라는 결론에 도달했다. 그에게는 예를 사회에 널리 퍼뜨리는 것이야말로 정의였다. 또한 인간다움을 완성한 이상적 인간상을 가리켜 '군자'라고 불렀다. 공자가 일컫는 군자란 '어떤 상황에서도 다른 사람에 대한 배려를 잊지 않는 사람'이다. 그리고 공자야말로 군자 그 자체였다. 그런 그의 가르침이기에 유교가 인류 최고의 보물 중 하나로 인정받고 있는 것이다.

제 4 장

삶의 태도와 바른 길에 대하여

이상적인 모습

평소에는 온화하지만
중요한 상황에서는 누구보다 엄중하다.
언제나 당당한 위엄이 있으나
남을 향해 으스대지는 않는다.
언제나 예의를 갖추되, 말을 건네면
웃는 얼굴로 답하므로 가까이하기 쉽다.
그런 사람이 '사람을 이끄는 지도자'의 이상적인 모습이다.

:::술이 편

溫而厲, 威而不猛, 恭而安.
온이려, 위이불맹, 공이안.

069

제멋대로 굴지 않는 것이
군자의 첫걸음이다

군자는 먼저 네 가지 마음을 버려야 한다.
매사를 객관적으로 보지 않는 억측,
매사를 억지로 진행하는 강행,
잘못을 고치려고 하지 않는 완고함,
자신의 의견만을 주장하는 이기심.
말하자면, 제멋대로 굴지 않는 것이
군자의 첫걸음이다.

⋯ 자한 편

子絶四, 毋意, 毋必, 毋固, 毋我.
자절사, 무의, 무필, 무고, 무아.

070

송백의 푸르름은 겨울에 드러난다

소나무와 잣나무는 여름이건 겨울이건
한결같은 푸르름을 간직하고 있다.
그러나 사람들은 여름에는
송백의 푸르름을 깨닫지 못한다.
추운 계절이 다가와 다른 식물이 모두 시들었을 때에야
비로소 그 강인한 생명력을 실감한다.
군자도 이와 같다.
평소에는 눈에 잘 띄지 않지만
위기가 닥쳐 사람들이 혼란에 휩싸일 때
그 존재가 세상에 드러난다.
군자는 냉정함을 잃지 않고 군중 앞으로 나와
그들을 이끈다.

▥ 자한 편

歲寒然後, 知松柏之後彫也.
세한연후, 지송백지후조야.

071

담대히 자신의 길을 걸어가라

아무리 열심히 노력해도
타인으로부터, 세상으로부터 인정받지 못할 때가 있다.
허나 그럴지라도 분노와 원한을 품지 않고,
비굴해지지 않으며, 담대하게 자신의 길을
계속 걸어가는 사람이 진정한 군자다.
훌륭한 사람이란 성공한 사람이 아니다.
성공하지 못할지라도 포기하지 않는 이가
진정 훌륭한 사람이다.

▓ 학이 편

人不知而不慍, 不亦君子乎.
인부지이불온, 불역군자호.

근본적인 정의를 따르면
바른 길을 찾을 수 있다

군자는 어떠한 상황에서도
'모든 것의 근본인 정의가 무엇인지'를 분명히 하고
그에 맞추어 언행을 결정한다.
그렇기에 모든 언행은 필연코 올바른 도리를 따른다.
부정을 저지르고
'때와 상황에 따라 어쩔 수 없는 것도 있다.'라거나
'정의도 상황에 따라서 변한다.'라며
변명하는 일은 결코 없다.

※ 학이 편

君子務本. 本立而道生.
군자무본. 본립이도생.

부끄러운 것은 오직
올바르지 못한 마음뿐

누구나 '가난'이나 '보잘 것 없는 지위'에
처하기를 두려워한다.
그러나 군자는 가난과 낮은 지위가
자신의 게으름과 부도덕의 대가로 초래된 것이 아니라면
그것을 두려워하거나 부끄러이 여기지 않는다.
군자가 부끄러워하는 것은 오직
자신의 올바르지 못한 마음뿐이다.

⁂ 이인 편

貧與賤是人之所惡也, 不以其道得之, 不去也.
빈여천시인지소오야, 불이기도득지, 불거야.

074

행동하지 않는 자의 핑계

실천은 뒤로 하고
말부터 앞서는 것을 경계하라.
말은 다소 어눌하고 서툴지라도,
단호하고 충실하게 행동하는 이가 훌륭한 사람이다.
꼼짝도 하지 않은 채 늘어놓는
'좀 더 주의 깊게, 좀 더 생각해 본 후에'라는 말은
행동하기 싫어하는 사람의 핑계에 불과하다.

▓ 이인 편

君子欲訥於言, 而敏於行.
군자욕눌어언, 이민어행.

솔선하여 예를 갖춘다

사람들을 이끌기 위해서는
무엇보다 예의를 갖추고 대하며
솔선하여 질서를 지켜야 한다.
다른 사람들에게 '예의를 지키라!'며 엄격하게
명령하는 리더일수록 그 태도가 거만하고 난폭하며
어느 누구보다 예의가 없다.
이 같은 리더는 아무리 지위가 높아도
사람들이 진심으로 따르지 않는다.

∷ 선진 편

爲國以禮, 其言不讓, 是故哂之.
위국이례, 기언불양, 시고신지.

어떤 위기에서도 최선의 대처를 한다

군자는 어떠한 상황에서도
인간다움, 즉 인간으로서의 도리를 잊지 않는다.
아무리 허기질지라도 인간다움을 어겨
먹을 것을 구하지 않는다.
아무리 다급할지라도 인간다움을 무시하며
서두르지 않는다.
심지어 발을 헛디뎌 넘어지는 순간에도
인간다움을 잊어버리는 일이 없다
군자는 항상 인간으로서의 도리를 마음에 담고 있기에
마음의 평정을 이룰 수 있다.
그렇기에 어떤 위기에서도 최선의 대처를 한다.

▓ 이인 편

君子無終食之間違仁, 造次必於是, 顚沛必於是.
군자무종식지간위인, 조차필어시, 전패필어시.

마음이 좁은 사람

군자는 상대의 좋은 부분이 더욱 커지도록 북돋고,
나쁜 부분은 점점 줄일 수 있도록 엄히 충고한다.
마음이 좁은 사람은 그 반대다.
질투심 때문에 상대방의 성장을 가로막는다.
또한 '상대방의 마음에 드는 행동만 함으로써
이득을 보고 싶다'는 야욕 때문에
상대방을 치켜세울 뿐
꼭 필요한 주의조차 전하지 않는다.

⋮ 안연 편

君子成人之美, 不成人之惡. 小人反是.
군자성인지미, 불성인지악. 소인반시.

078

리더의 통솔이란
자신을 정의롭게 하는 것이다

사람들을 이끈다는 것은
'자신을 올바르게 하는 것'이다.
리더가 바른 길을 걸으면 그 뒤를 따르는 사람들도
자연히 바른 길을 향하게 된다.
구성원 모두가 리더를 본받아 정의를 위해 행동하므로
집단은 확고하게 통합된다.
바꿔 말해, 조직이 잘 통합되지 않는 까닭은
리더에게 정의로운 마음이 부족하기 때문이다.

※ 안연 편

政者正也. 子帥以正, 孰敢不正.
정자정야. 자솔이정, 숙감부정.

책임을 지는 자세

군자는 자기 신변의 일뿐만 아니라
세상에서 벌어지는 수많은 일 또한
자신과 무관하지 않다 여긴다.
그래서 조금이라도 자신이 할 수 있는 일이 있다면
그를 위해 노력하는 것이 당연한 의무이고
인지상정이라 생각한다.
반면, 마음이 좁은 사람은 세상은커녕
자기 신변의 일조차 다른 이에게 떠맡기고
책임을 남에게 미룬다.
이런 사람이 일을 제대로 성사시킬 리 없다.

위령공 편

君子求諸己, 小人求諸人.
군자구저기, 소인구저인.

전체가 사는 길을 모색한다

군자는 신의 편애를 받는 사람이 아니다.
그 역시 어려움과 곤경에 처하는 경우가 있다.
그러나 그런 때일수록
군자는 군자다운 모습으로 대응한다.
마음이 좁고 어리석은 사람은 공황에 빠져
오로지 자신의 안위만을 위해 남에게 해를 끼친다.
그러나 군자는 냉정함을 잃지 않고
전체가 함께 살 수 있는 방법을 모색한다.

::: 위령공 편

君子固窮, 小人窮斯濫矣.
군자고궁, 소인궁사람의.

혼자만의 만족

모두가 만족하고 있을 때
리더 혼자서 불만을 가지는 것은 잘못이다.
리더의 이기적인 불만에는 누구도 공감하지 않는다.
사람들이 불만을 느끼고 있을 때
리더 혼자만 만족하는 것도 좋지 않다.
리더만의 자기만족은 아무도 축복해 주지 않는다.
리더는 사람들의 대표이지만
사람들의 마음을 지배하는 사람은 아니다.
리더와 사람들의 마음이 일치하지 않으면
결코 건실한 집단이 될 수 없다.

▓ 안연 편

百姓足, 君孰與不足. 百姓不足, 君孰與足.
백성족 군숙여부족. 백성부족 군숙여족.

이유 있는 차별

군자는 정말로 곤란한 상황에 처한 이에게는
동원 가능한 모든 도움을 아끼지 않는다.
그러나 충분히 풍족하고 넉넉함에도 불구하고
욕심 때문에 무언가를 바라는 사람에게는
그가 아무리 머리를 숙여 간청할지라도
아무것도 내주지 않는다.

⦙⦙⦙ 옹야 편

君子周急不繼富.
군자주급불계부.

군자의 실패, 악인의 실패

사람은 누구나 실패를 경험한다.
군자 역시 실패할 때가 있다.
그러나 실패라고 모두 같은 것은 아니다.
실패는 사람의 마음에 따라 그 모습이 달라진다.
군자는 '군자다운 실패'를 하고,
악인은 '나쁜 사람이 아니고서는 할 수 없는 실패'를 한다.
누군가에게 속임을 당하더라도
군자는 배려 깊은 마음 때문에 속지만,
악인은 지나친 욕심 때문에 속는다.
그렇기에 실패한 사람을 모두 똑같이 비난하는 것은
정당한 평가가 아니다.

이인 편

人之過也, 各於其黨.
인지과야, 각어기당.

조화를 이루되 동화되지 않는다

군자는 주위의 의견에 귀를 기울이고 함께 협력한다.
그렇지만 주변의 의견에 휩쓸려
자신의 신념을 잃는 일은 없다.
반면, 마음이 좁고 어리석은 사람은
주변의 분위기에 솔깃하여 너무도 쉽게 신념을 버린다.
그리고 상황이 악화되면
혹여나 피해를 입을세라 재빨리 도망친다.

⋮ 자로 편

君子, 和而不同. 小人, 同而不和.
군자, 화이부동. 소인, 동이불화.

085

말의 정체를 공정하게 판단한다

군자는 화려하게 꾸민 말에 현혹되어
상대를 특별하게 대우하지 않는다.
아무리 듣기 좋은 말일지라도
그 속에 거짓이 있으면 직관적으로 간파한다.
또한 자신과 성격 혹은 사상이 맞지 않는다는 이유로
상대의 말을 무시하지도 않는다.
올바름을 따르는 말이라면 누구의 말에도 귀를 기울인다.
이렇듯 군자는 말의 의미나 정체를
늘 공정하게 판단한다.

⁂ 위령공 편

君子不以言擧人, 不以人廢言.
군자불이언거인, 불이인폐언.

086

배움과 성장을 거듭하는 사람

배움을 통해 마음을 성장시키면
신중함도 더불어 깊어지기에
함부로 자기주장을 하지 않는다.
한층 더 배우고 성장하면
'저 이는 절대 제멋대로 행동하지 않는다.'라는
신뢰를 주위 사람들에게 준다.
배움과 성장을 더욱 거듭하면
'저 이에게는 무엇이든 솔직히 말할 수 있다.' 같은
안도감을 주어 모든 이가 마음을 열게 된다.
이처럼 타인에게 믿음과 안도감을
선사하는 사람이 바로 군자다.

　　　　　　　　　　　　　　　　　 ⋮ 헌문 편

脩己以敬. 脩己以安人. 脩己以安百姓.
수기이경. 수기이안인. 수기이안백성.

올바름을 쫓아 행동할 뿐이다

군자는 어떠한 일을 처리할 때
'반드시 이런 방법으로 해야 한다'는 집착을 갖지 않는다.
개인적인 감정을 내세워
'이런 방식은 절대 싫다'는 고집을 부리지도 않는다.
단지 정의에 따라 좋은 결과를 맺을 수 있는
적절한 방법을 취할 뿐이다.

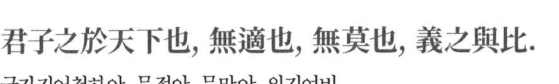 이인 편

君子之於天下也, 無適也, 無莫也, 義之與比.
군자지어천하야, 무적야, 무막야, 의지여비.

지나친 증오는 또 다른 악을 낳는다

악인을 벌할 때
지나치게 노골적으로 증오를 드러내면,
그 사람은 뉘우치거나 고치기는커녕
오히려 반발하여 더욱 큰 악행을 저지를 수 있다.
악인에게 미움을 느끼는 것은 당연한 감정이므로
벌하는 사람이 그 같은 마음을 버릴 필요는 없다.
그러나 그 증오가 과도하게 깊어지지 않도록
억제하고 조절하는 노력 또한 필요하다.

〓 태백 편

人而不仁, 疾之已甚, 亂也.
인이불인, 질지이심, 난야.

수치스러운 영화

정의가 사라진 세상에서
수많은 사람이 괴로움을 겪을 때,
재물을 쌓고 높은 지위에 오른 사람은
마땅히 수치스러워해야 한다.
이처럼 어지러운 시기에 쌓은 재산이나 지위는
세상의 혼란을 틈타 손에 넣은 '부정한 것'이기 때문이다.

▦ 태백 편

邦無道, 富且貴焉, 恥也.
방무도, 부차귀언, 치야.

정의를 버리지 않는다면

빈곤한 가정에서 태어나 가난의 숙명을 벗기 위해
돈벌이에 몰두하는 사람이 있다.
그렇다 할지라도 정의를 지키려는 마음을
버리지 않는다면,
돈벌이 역시 정의에서 크게 벗어나지 않는다.
그렇기에 악행으로 이어지지 않는다.

∷ 선진 편

賜, 不受命, 而貨殖焉, 億則屢中.
사, 불수명, 이화식언, 억즉루중.

약속을 지키는 자세

소중한 누군가로부터
'지금 당신이 필요해'라는 부탁을 받으면
곧바로 달려가야 한다.
마차를 준비하는 데 조금이라도 시간이 지체된다면
두 발로 뛰어서라도 서두른다.
차후에 마차가 따라오면 그때 타고 가면 그만이다.
'그렇다면 결국 처음부터 마차로 가는 것과
무엇이 다른가.'라고 반문할지 모른다.
그러나 만약 마차가 시간에 맞춰 오지 못한다면,
그래서 소중한 이가 난처한 상황에 빠진다면
어찌할 것인가.
단 몇 퍼센트의 가능성일지라도
약속한 일을 더 확실히 완수할 수 있도록
최선을 다하는 것이 신의를 지키는 자의 태도이다.

향당 편

君命召, 不俟駕行矣.
군명소, 불사가행의.

착한 사람

누군가가 물었다.
"군자가 아닌 착한 사람이란 어떤 사람입니까?"
공자가 답했다.
"착한 사람이란 배우지 않고도
바탕이 선하며 깨끗한 사람이다.
단 정의에 관한 올바른 길을 제대로 배우지 않았기에
자주성은 있으나 독단에 빠지기 쉽다.
그리고 이것이 지나치면 자신의 독선적인 정의를
다른 사람에게 강요하기도 한다.
이것이 군자보다 못한 점이다."

∷ 선진 편

問善人之道. 子曰, 不踐迹, 亦不入於室.
문선인지도 자왈, 불천적, 역불입어실

비판이 없는 집단은
필연적으로 쇠퇴한다

리더가 제멋대로 행동하며
잘못을 저지르고 있음에도 불구하고
리더의 권력이 두려워 아무도 비판하지 못한다면
그 집단은 필연코 쇠퇴한다.
리더의 자리는 궁극적으로
집단의 행복을 위해 존재한다.
그런데 그 권력을 남용해 주위에 두려움을 안기는 사람은
애초부터 리더로서 자격이 없는 것이다.

▦ 자로 편

如不善而莫之違也, 不幾乎一言而喪邦乎.
여불선이막지위야, 불기호일언이상방호.

억울한 불평이 없게 하라

하나의 큰 집단은 몇 개의 작은 집단으로 이루어진다.
그리고 집단 전체의 리더라면
꼭 갖추어야 할 중요한 마음가짐이 있다.
그것은 일부 소집단의 리더로부터
'당신은 나를 차별하고 무시한다.'라는 불평이
나오지 않도록 하는 것이다.
이를 위해서는 소집단을 이끄는 모든 리더의 말에
공평하게 귀를 기울여야 한다.
공평하지 못한 태도는 부분의 반발을 낳아 균열을 만들고,
머지않아 집단 전체를 무너뜨린다.

미자 편

不使大臣怨乎不以.
불사대신원호불이.

실수, 그 이후의 태도

군자든, 어리석은 사람이든
누구나 살아가면서 실수를 한다.
다만 군자와 어리석은 사람은
잘못을 저지른 후의 대응에서 크나큰 차이를 보인다.
어리석은 사람은 실수를 변명하고 감추기에 급급하지만,
군자는 실수를 솔직히 인정하고 반성하며
그를 만회하기 위해 몇 배의 노력을 기울인다.

::: 자장 편

小人之過也必文.
소인지과야필문.

다수의 목소리에 휩쓸리지 않는다

세상 사람 모두가 누군가를 비난하며
'저 사람은 나쁜 사람이다.' 욕할지라도
진정 그러한지 아닌지는 스스로 확인해야 한다.
세상 사람 모두가 누군가를 우러르며
'저 사람은 훌륭하다.' 칭송하더라도
진정 그러한지 아닌지는 스스로 판단해야 한다.
이것이 군자의 태도이다.
군자는 세상의 목소리에 휩쓸리지 않고
스스로 진실을 알려는 자이다.

▒ 위령공 편

衆惡之, 必察焉. 衆好之, 必察焉.
중오지, 필찰언. 중호지, 필찰언.

실패를 통해서도 감명을 준다

군자는 실패를 해도 감추려고 하지 않는다.
그렇기에 군자의 허물은 눈에 잘 띈다.
마치 일식과 월식이 일어나면 누구나 그것을 알아채고
하늘의 모습에 놀라는 것과 같다.
또한 군자는 실패를 당당하게 만회한다.
그리하여 주위 사람들은 그 떳떳함과 성실함에 감탄한다.
이처럼 군자는 실패를 통해서도
사람들에게 감명을 준다.

▒ 자장 편

君子之過也, 如日月之食焉. 過也, 人皆見之. 更也, 人皆仰之.
군자지과야, 여일월지식언. 과야, 인개견지. 경야, 인개앙지.

맹목적으로 고집하지 않는다

군자는 근본적인 정의와 믿음을 해치는
불의와는 절대 타협하는 법이 없으나,
사소한 약속이나 의리를 지킨다는 명분으로
융통성 없는 결단을 내리지는 않는다.
현실에 맞지 않은 일임에도 불구하고
'이미 정한 일이므로 강행한다.' 같은
맹목적인 고집은 피우지 않는다.
군자는 더 큰 정의와 공동체의 발전을 향해
나아가는 길이 무엇인지 잘 알고 있다.

▒ 위령공 편

君子貞而不諒.
군자정이불량.

신을 공경하되
현실의 생활에 충실한다

종교와 관계없이 모든 신에게는
존경의 마음을 가져야 한다.
자신과 무관한 종교일지라도
신자의 신앙심을 존중하며 부정하지 않는다.
단, 신을 공경하되
지나치게 의존하는 것은 경계해야 한다.
신을 모시며 마음의 위안은 얻되
현실의 생활에 충실한 것이 바로 지혜로운 삶이다.

▦ 옹야 편

敬鬼神而遠之, 可謂知矣.
경귀신이원지, 가위지의.

세상을 위한 정의

온 주변에 정의가 사라져 버렸을 때
정의를 세우기 위해 무조건
세상과 대립하는 것은 현명하지 않다.
마음속 정의는 굳건히 다지되
훗날의 도모를 위해 잠시 침묵하며 기다린다면
분명 같은 뜻을 가진 동료가 나타날 것이다.
그때가 오면 힘을 모아 다시 세상에 정의를 세워야 한다.
마지막까지 지켜야 할 것은
자기 혼자만의 정의가 아닌
전체의 행복을 위한 정의여야 한다.

∷ 헌문 편

邦無道, 危行言孫.
방무도, 위행언손.

마치는 글

'논어를 쉽게 읽고 차분히 음미하고 싶다.' 책을 기획할 당시 편집자가 처음 내게 한 말이다. '그래, 분명 많은 현대인들도 그걸 바라고 있을 거야. 그렇다면 그런 책을 만들어 보자.' 이렇게 결심했다. 그리고 이 책이 완성되었다.

아무리 훌륭한 고전이라도 편히 즐길 수 없다면 의미가 없다. 사람들에게 읽히지 않는 고전은 단지 과거의 유물에 불과하다. 현대인은 현대인으로서 고전을 즐길 권리가 있다. 그리고 그것이 《논어》만큼 훌륭한 고전이라면 더욱 그러하다. 이 책을 통해 많은 독자들이 《논어》를 가깝게 여기고 즐길 수 있다면 필자로서는 더할 나위 없는 기쁨일 것이다.

나가오 다케시

超譯
논어의 말
필사집

1판 1쇄 2025년 12월 22일

지은이 나가오 다케시
옮긴이 유가영

발행인 김인태
발행처 삼호미디어

등록 1993년 10월 12일 제21-494호
주소 서울특별시 서초구 강남대로 545-21 거림빌딩 4층
www.samhomedia.com
전화 (02)544-9456
팩스 (02)512-3593

ISBN 978-89-7849-724-4 (03100)

Copyright 2025 by SAMHO MEDIA PUBLISHING CO.

출판사의 허락 없이 무단 복제와 무단 전재를 금합니다.
잘못된 책은 구입처에서 교환해 드립니다.